27
L n. 20431.

27
Ln. 20431.

SOUVENIR
DU 8 DÉCEMBRE 1854

NOTICE

SUR LA VIE

DE MARGUERITE VIGNES

ÉLÈVE

DE LA CONGRÉGATION DE NOTRE-DAME

MAISON DITE DES OISEAUX

Rue de Sèvres, 86

PARIS

LIBRAIRIE DE Mme Ve POUSSIELGUE-RUSAND

RUE SAINT-SULPICE, 23

1855

Paris.— Typographie de Gaittet et Cie, 7, rue Gît-le-Cœur.

A MARIE IMMACULÉE.

O Vierge sainte et sans tache dès le premier moment de votre existence, c'est à la gloire du plus cher de vos priviléges, enfin proclamé dogme de foi par la sainte Église, que nous publions cette simple notice; car, si Marguerite a rempli en peu de temps une longue carrière, c'est à vous qu'elle le doit; c'est à la ferveur allumée dans tous les cœurs chrétiens par l'attente et par l'annonce du décret qui rendra à jamais illustre entre tous le pontificat de Pie IX.

O Marie immaculée, puissent tous ceux qui liront ces pages rivaliser d'amour pour vous avec Marguerite, avec les anges, avec les saints qui vous ont le plus aimée sur la terre !

NOTICE

SUR LA VIE

DE MARGUERITE VIGNES,

Née à Bordeaux le 11 avril 1841,

Décédée à Paris le 17 avril 1855, à l'âge de 14 ans.

Deux sentiments aussi vifs que profonds, et qui semblaient se confondre en un seul, ont dominé la courte existence de Marguerite : l'amour filial, l'amour de la sainte Vierge.

Ce fut à onze ans et demi qu'elle eut le malheur de perdre une mère pieuse, dévouée, et digne à tous égards de l'affection de ses nombreux enfants.

Prenant note des époques les plus remarquables de sa vie, Marguerite avait écrit : « Le 6 « janvier 1852, j'eus le malheur inexprimable « et incompréhensible pour quiconque ne l'a pas « éprouvé, de perdre ma mère chérie. » Un an après cette douloureuse épreuve, elle entra aux Oiseaux avec sa sœur aînée et une de ses cousines.

Marguerite montra d'abord les défauts ordinaires à son âge, neutralisés cependant par un goût très-prononcé pour l'étude et par une application constante. Elle avait une imagination vive, une délicatesse de sentiments peu commune et un cœur naturellement ouvert à tout ce qui était beau et bon.

A son retour des vacances de 1854, pendant lesquelles sa famille constata déjà dans sa conduite, dans sa piété, une amélioration notable, elle fut placée, n'ayant encore que treize ans et demi, dans la seconde classe. — Il ne lui restait plus que six mois pour mériter les récompenses éternelles, et, quand elle en aurait été avertie, elle n'eût pu mieux faire pour mettre à profit ce temps précieux. C'est ce qui a frappé avec nous toutes ses compagnes après l'évènement. Il s'opéra en effet en elle, au commencement de l'année scolaire, un changement tout à fait remarquable. — Marguerite avait été jusque là une enfant aimable, une élève sans défauts essentiels;

elle donna dès lors l'exemple de la vertu la mieux comprise et la plus courageuse.

Dieu se servit d'abord pour l'amener là d'une charge qui lui fut confiée à son retour : celle d'inspectrice[1] de la quatrième classe. Elle prit cette fonction par le seul côté qui puisse la rendre agréable : elle en fit un exercice de zèle ; aussi, en combattant les petits défauts de ses compagnes, apprit-elle à corriger ses propres défauts et à rectifier son jugement. Elle partit de ce principe qui ne pouvait amener que de bons résultats. — Si je veux avoir le droit d'avertir, d'encourager les autres, il faut que je leur donne l'exemple. — Donc on la vit devenir presque subitement un modèle de silence, d'exactitude, de douceur. C'était vraiment une autre Marguerite. Elle avait affaire à la petite bande sans contredit la plus difficile du pensionnat : la quatrième classe se composant d'enfants de onze à quatorze ans, époque de transition qui participe de la turbulence du premier âge et de la demi-réflexion de l'adolescence. Marguerite, plus jeune que quel-

1. L'inspectrice seconde les maitresses de surveillance pendant quelques-uns des exercices de la journée.

ques-unes de ses administrées, ne pouvait guère puiser d'autorité que dans la régularité de sa conduite et dans le dégré d'instruction que constatait la classe dont elle faisait partie. Auprès du petit nombre, sa haute taille était aussi une condition avantageuse à l'exercice de sa charge.

Elle s'en acquitta en apôtre; sa douceur et son calme étaient à toute épreuve, et la classe entière lui a rendu ce témoignage que jamais on n'a pu surprendre en elle un moment d'impatience. Lorsque Marguerite voyait quelque enfant en mauvaise disposition, elle s'adressait à son cœur et échouait rarement.

Vint une grande occasion de signaler son zèle : le monde catholique avait été invité à réunir ses prières pour appeler l'inspiration de l'Esprit Saint sur le Souverain Pontife dans la grande décision du dogme de l'Immaculée conception. Quel cœur chrétien eût pu rester indifférent dans une question qui touchait à la plus chère des gloires de Marie? La maison tout entière priait donc depuis longtemps, mais il y eut redoublement de ferveur et de pieuses pratiques pendant la neuvaine qui précéda le 8 décembre.

Les différentes classes, les congréganistes des enfants de Marie et des SS. Anges s'imposaient chaque jour des pratiques de vertu, des prières; on rivalisait à qui contribuerait le plus, selon ses faibles moyens, à la grande décision. Grâce à Marguerite, les Vertes [1], durant ces neuf jours, devinrent exemplaires; elle avait trouvé dans sa piété un moyen infaillible de stimuler entre toutes certains petits lutins de profession. A la récréation de quatre heures, la statue de Marie, environnée de fleurs et de lumières, devait réunir autour d'elle toutes les élèves de la classe, celles-là seulement exceptées dont la conduite n'aurait pas été irréprochable depuis la veille à pareille heure.

C'en fut assez pour faire entrer les plus difficiles elles-mêmes de la division dans une voie de sagesse jusqu'alors inouie. Pas une de celles-ci ne manqua au rendez-vous durant la neuvaine. Elles se signalèrent même entre toutes. — Et il ne faut voir là rien de trop surprenant. Qui ne sait en effet que les enfants les plus énergiques et les plus capables d'un bon vouloir effi-

1. On désigne les classes par leur ceinture.

cace, sont précisément celles qui rencontrent à l'entrée de la route le plus de difficultés dans la pratique du bien.

Le 8 décembre, aussi, quelle joie rayonnait sur tous les visages! L'allégresse répondait aux efforts faits pour se préparer à cette grande solennité. La communion fut générale, et pour compléter la fête, nous possédions le représentant du vicaire de Jésus-Christ, Mgr le Nonce : son concours dans ce grand triomphe de Marie, avait été sollicité longtemps à l'avance, dès le mois de septembre. Nous voulions être, en ce fameux 8 décembre, aussi rapprochées que possible du centre de la catholicité. Et cependant ce n'était pas assez encore. — Que se passe-t-il à Rome, maintenant? se demandait-on à toutes les heures. Le cœur et la pensée s'envolaient jusqu'à la ville sainte, jusqu'au cœur du Père et du Pontife par excellence. On s'y tenait uni sans interruption, afin de pouvoir entrer dans sa joie au moment même où sa bouche s'ouvrirait pour définir la dernière des gloires que puisse donner la terre à la reine du ciel. L'espérance était donc une sorte de certitude, et cependant on attendait avec la plus vive impatience la confirmation d'un pressentiment si fondé. L'heureuse nouvelle arrivée la veille par voie télégraphique ne nous parvint que le onze décembre au matin. Elle contenait ce peu de mots aussitôt lus à la communauté assemblée.

« Sienne, le 10 décembre 1854.

« *Le Pape, officiant à Saint-Pierre, a promul-*
« *gué après l'évangile (à onze heures), le décret*
« *attendu.*

« L'IMMACULÉE CONCEPTION EST DÉCLARÉE FOI
» DE L'ÉGLISE, ET QUICONQUE LA NIE EST HÉRÉ-
« TIQUE.

« *Deux cents évêques étaient présents. Jamais on*
« *ne vit pareille affluence. Rome était ivre de joie.* »

Chacune des maîtresses prend copie de ces précieuses lignes et apporte à sa classe l'annonce tant désirée.

Laissons une élève raconter l'accueil fait dans le pensionnat à la bienheureuse nouvelle[1].

1. La classe supérieure, ou la première classe à son défaut, tient note des événements remarquables arrivés au pensionnat.

L'article cité est un extrait de ce journal de famille, dans

« **11 décembre.** C'est l'étude du matin : le profond silence qui règne dans nos longues salles est tout à coup interrompu par le bruit d'une cloche bien connue, celle qui appelle nos mères à la communauté. Aussitôt s'échangent des regards interrogateurs qui veulent dire : — Pourquoi?... Comment?... Qu'y a-t-il à cette heure inaccoutumée? — Je ne jurerais pas que la question n'ait même été articulée en très-bon français, malgré l'énorme respect que nous portons à la loi du silence. Enfin, le moment désiré arrive; cette fois, c'est la classe qui sonne. Les mères apparaissent souriantes dans les différentes sections, et d'un air ravi déroulent un papier. Lecture nous est faite d'une dépêche télégraphique annonçant que l'*Immaculée conception est promulguée article de foi.*

A cette parole, un cri d'allégresse s'échappe de toutes les bouches, et je dirai aussi de tous les cœurs. Nous voilà folles de joie; les unes se jettent à genoux et félicitent Marie, les autres s'em-

lequel n'entre ni politique, ni science, ni critique littéraire. La feuille est soumise, bien entendu, à la censure de la maîtresse du pensionnat.

brassent en pleurant, quelques-unes ne peuvent prononcer une seule parole. Les Bleues (troisième classe) entonnent spontanément le *Magnificat*.

A ce chant d'allégresse, les autres classes se précipitent vers les portes qui séparent les différentes salles, ouvrent les deux battants, et ainsi réunies, achèvent en chœur le cantique de Marie, avec cet accord et cet élan que le cœur seul peut communiquer. Après ce premier hommage rendu à la Vierge Immaculée, une voix s'écrie : *Allons aux enfants de Marie*. On oublie le froid, on est dans le jardin [1], accostant toutes les religieuses qu'on rencontre, par cette acclamation du cœur: *Vive Marie Immaculée!* Ce soir-là, la chapelle des congréganistes est ouverte à toutes, car toutes, nous sommes les enfants de Marie, et des cantiques chantés avec l'élan de l'amour et de la reconnaissance essaient de le lui prouver. Une prière silencieuse succède à ces chants, et nous quittons, non sans regret, cette chapelle bénie où se sont opérés déjà bien des

1. La chapelle des congréganistes est située au fond du jardin.

miracles. Aujourd'hui même, quelques-unes, sans doute sous le charme d'une pieuse illusion, assurent avoir vu sourire la statue de la bonne Mère.

Ah! si l'image vénérée n'a pas donné de marques extérieures de bienveillance, toutes nous avons senti au fond du cœur que Marie, en ce jour à jamais mémorable, souriait à nos vœux. Pendant la matinée, la chapelle ne désemplit pas. Si on nous eût écoutées, nous y fussions demeurées toujours. Non, après les saintes joies du beau jour de la première communion, nous n'aurons pas de plus cher souvenir que celui du onze décembre.

Nous étions toutes devenues, comme par enchantement, si pieuses que très-certainement Marie nous faisait sentir son influence. Je n'aurais jamais fini si je voulais tenir compte de tous les dires édifiants de mes compagnes, mais il en est un qui me sembla si particulier que j'en veux perpétuer la mémoire *ad majorem Mariæ gloriam* : « Ma mère, — disait L***, en pleine leçon d'Anglais, — j'avais toujours regretté de n'avoir pu vivre au siècle de Louis XIV, mais je ne regrette plus rien, puisque j'ai vu celui de Pie IX. »

Après le dîner, toutes voulurent commencer leur récréation par un pélerinage; nous partons donc processionnellement, au chant des cantiques; on revoit la chère chapelle des Enfants de Marie, et l'on se retire le cœur rempli des plus douces émotions. Le matin, un sermon et un beau Salut nous avaient été annoncés. L'un et l'autre dépassèrent encore nos espérances. Le père de Ponlevoy nous parla de Marie, des transports de sainte allégresse avec lesquels son Immaculée Conception avait été célébrée à Lyon, à Marseille, de la gloire qui rejaillissait de ce triomphe sur la sainte Église, de ses espérances pour un avenir meilleur; et chacune de ses paroles retentissait bien avant dans notre âme, car ce jour-là toutes nous avions, avec le cœur qui aime, les oreilles qui entendent. Nous ne pouvions nous rassasier de prières, de chants. Après le Salut, le cantique *Vierge sans tâche*, *admirable Marie* est entonné et poursuivi avec une ardeur à faire trembler les vitraux; puis, par la plus heureuse des inspirations, la mère X*** prononce d'une voix ferme et pénétrée *la consécration de la France au Sacré Cœur*. A ces mots : « ô Vierge sainte, nos cœurs sont aussi entre vos mains, » l'émotion gagne tous les assistants, et beaucoup achèvent cette solennelle prière par leurs larmes. Ces larmes disaient : « O cœur de Jésus, ô cœur de Marie, nous sommes à vous par le vœu de Louis XIII, par le cœur du roi martyr, sauvez la France, sauvez-nous[1]. »   T. DE LA F.

1. Personne plus que nous peut-être ne devait se réjouir, en entendant proclamer l'Immaculée Conception dogme de foi. La dévotion à Marie Immaculée existait dans notre Ordre comme une tradition de famille; car notre saint fondateur, Pierre Fourier, le bon Père de Mattaincourt, avait été l'un des plus fervents promoteurs de cette croyance, plus de deux siècles avant le décret pontifical qui répand aujourd'hui l'allégresse dans le monde chrétien. Par ses soins, le culte de l'Immaculée Conception s'était répandu dans toute la Lorraine. Encore aujourd'hui, dans les différentes paroisses de cette province, on voit cette pieuse devise : *Marie a été conçue sans péché*, inscrite sur les écussons qui ornent les chandeliers de l'autel; et l'on vous dit : *C'était la dévotion du bon Père.*

On sait que la ville de Saint-Nicolas étant affligée d'une maladie épidémique, Fourier conseilla d'écrire sur de petits billets ces paroles : *Marie a été conçue sans péché*, et de les porter avec confiance. Pratique par laquelle plusieurs personnes reconnurent avoir été délivrées du mal qui les avait atteintes. La ville de Nemours, ayant été assiégée et prise, échappa au pillage par la même dévotion. Fourier honorait

Telle fut parmi les élèves l'expression générale de l'allégresse à l'annonce du décret pontifical. Nous avons dû les décrire comme explica-
tion des lignes si pieuses que nous avons à citer
de cette bonne petite Marguerite. Ce fut d'ailleurs
à partir de cette grande fête qui renouvela le
monde dans l'amour de Marie, que cette enfant
fit dans la vertu des progrès plus signalés encore.
Aussi toutes ses compagnes les attribuèrent-elles

et enseignait avec tant d'ardeur le plus cher des priviléges de
Marie qu'il mérita de mourir (9 décembre 1640), après avoir
célébré, avec plus de ferveur que jamais, la fête de l'Immaculée Conception.

Il était sur le point, dit son vieil historien, « de provigner
cette dévotion par tout le diocèse (Toul), en vertu des patentes
qu'il en avait obtenues du seigneur évêque. »

Nos enfants de Marie conserveront aussi avec un pieux orgueil filial le souvenir de l'origine de leur congrégation.
Notre bienheureux Père avait fait partie de celle des jésuites,
érigée sous le titre de l'*Annonciation*. Aussitôt l'établissement
de ses filles, il voulut que dans leurs monastères, il existât des
congrégations du même genre, mais celles-ci sous le vocable
de l'*Immaculée-Conception*. Ce furent les premières érigées
ainsi dans les communautés de femmes ; du moins les dates
sembleraient le démontrer. Dans le petit livre des règles qu'il
leur donna, on lit ces paroles remarquables adressées par la
directrice à la congréganiste reçue : « Tâcherez-vous d'em-
ployer votre soin à ce que l'*Immaculée Conception* de la bienheureuse Vierge Marie soit honorée par tous ceux de votre

à la manière dont elle s'était préparée à l'Immaculée Conception.

Voici les lignes datées de ce fameux onze décembre, heureusement conservées parmi les papiers de cette enfant de bénédiction. Ce qui touche singulièrement à la lecture, c'est le sentiment de prière éminemment catholique, qui s'échappe si naturellement de son âme :

« O MARIE IMMACULÉE,
Priez pour nous.

12 Décembre 1854.

« O Marie! O notre mère! Vous avez entendu les prières ferventes que vous adressaient vos en-

---

appartenance? » Sur la réponse affirmative, la directrice, présentant un cierge à l'associée, lui dit : « Je vous remets en main ce cierge blanc allumé, orné de la devise de cette congrégation, pour vous avertir que vous devez reluire entre toutes les filles de votre condition, en modestie, pureté et bonnes œuvres, et avoir toujours en vos cœurs, et souvent en la bouche, ces paroles dorées : *Marie a été conçue sans péché; étant prêtes, au reste, de perdre la vie pour la défense de l'Immaculée Conception.* »

L'acte de consécration n'est pas moins remarquable; c'est le même que celui de la confrérie des Jésuites à Rome, plus les protestations de dévouement à l'*Immaculée Conception.*

« Sainte Marie mère de Dieu, et vierge bienheureuse, *conçue sans aucune tache du péché originel, toute pure et Immaculée,* je N***, vous choisis et prends aujourd'hui pour ma mère, spé-

fants! vous les avez écoutées favorablement.
Vaincue par toutes les supplications que vos serviteurs, depuis tant de siècles, ne cessaient de
vous faire entendre, vous avez inspiré au succes-
seur de saint Pierre de déclarer votre Conception Immaculée dogme de foi. Le Souverain
Pontife a été docile à votre voix, O Marie! Réunis dans le centre de la chrétienté, les évêques
de tout pays n'ont cessé de faire monter à Dieu
leurs prières et leurs saints sacrifices, suppliant
l'Esprit saint de vouloir bien répandre ses lumières dans le cœur de notre Père commun.

ciale dame et maîtresse, patronne et avocate, et délibère et
propose fermement de vous spécialement aimer et servir,
d'honorer toute ma vie votre *Immaculée Conception*, et de
procurer que vous soyez aimée et servie ; que votre *Immaculée
Conception* soit honorée par tous ceux de mon appartenance,
tant que je pourrai ; je vous supplie donc très-affectueusement
qu'il vous plaise me recevoir pour votre perpétuelle servante ;
assistez-moi en toutes mes actions et tous ceux de mon appartenance, et ne nous abandonnez point à l'heure de notre
mort. »

Chacune des assemblées se termine par cette pieuse an-
tienne à l'honneur de l'*Immaculée Conception* : *Gaudeo et con-
gratulor tibi, O Virgo Maria, Domina mea et Mater mea, quæ
sine labe peccati originalis concepta fuisti*. « Je me réjouis et
je vous félicite, ô Vierge Marie, ma Reine, ma Mère, vous qui
avez été conçue sans la tache du péché originel. »

Rome, dans l'anxiété la plus vive, attendait avec
impatience le décret qui sortirait de la bouche
du Pontife. Enfin Pie IX, célébrant la messe dans
l'Eglise de Saint-Pierre, prononce solennelle-
ment cette décision suprême : *Marie est Immaculée !* Oh ! qui pourrait peindre l'allégresse qui
remplit alors le cœur de tous les fidèles serviteurs de Marie ! La glorieuse mère entendit leurs
cris de joie et les combla des ineffables délices
qu'elle répand avec profusion sur ceux qui lui
sont dévoués. — L'heureuse nouvelle se répand
aussitôt, et l'univers catholique s'associe à la joie
dont Rome était remplie. Les Églises ne pouvaient suffire à la piété qui éclatait de toutes
parts. Elle se manifesta d'une manière touchante
dans plusieurs de nos grandes cités. A Marseille,
Notre-Dame-de-la-Garde, si célèbre par ses miracles, fut portée avec solennité, et promenée
processionnellement dans toute la ville, au bruit
des acclamations pieuses, échos fidèles de ce qui
se passait dans les cœurs.

« La nouvelle est aussi parvenue chez vos enfants des Oiseaux, ô Marie. Là, comme ailleurs,
vous avez vu éclater les témoignages de l'amour.

Placées devant votre image, elles ont chanté le *Magnificat* de concert avec les anges dont vous êtes la reine, et leurs voix, animées par le bonheur inexprimable qu'elles goûtaient, ont monté jusqu'à vous, jusqu'à votre trône!

« O Mère bien-aimée! permettrez-vous que des impies osent nier votre Conception Immaculée ; permettrez-vous que leurs cœurs sacriléges osent vous refuser votre glorieux privilége? Oh! non, n'est-ce pas, aucun hérétique ne se fera entendre. L'univers entier n'aura qu'une voix pour chanter vos louanges, et qu'une seule volonté pour imiter vos vertus!

« Maintenant, Vierge puissante, que pouvez-vous nous refuser dans ce jour bienheureux? Voyez donc d'un œil compatissant tous ces malheureux qui depuis des siècles languissent dans le schisme et refusent de rentrer dans la communion de l'Église! Ce sont vos enfants, infidèles, il est vrai, mais ils vous appartiennent. Votre cœur de mère ne peut s'empêcher de gémir sur leur malheur. Permettez donc, Marie, qu'ils reconnaissent leur funeste erreur, et que, tombant à vos pieds, ils implorent leur pardon. Voyez tous les besoins de l'univers, et particulièrement de l'Europe ; voyez nos guerres, voyez nos pestes, nos famines. Jetez vos regards pleins de miséricorde sur la France, obtenez-lui la paix ; rendez à leurs familles ces généreux soldats qui combattent généreusement, mais qui sont environnés de tant de périls ! O Marie, vous qui êtes mère, écoutez les gémissements de celles qui vous demandent leurs enfants, des sœurs qui réclament leurs frères.

« D'après une pieuse croyance, le jour de votre glorieuse Assomption, toutes les âmes du purgatoire furent délivrées. Aujourd'hui, Vierge sainte, pourriez-vous vous rendre sourde à leur voix. Elles vous demandent de leur ouvrir la porte du ciel, elles soupirent après votre vue, après celle de votre Fils ; exaucez-les donc, ô Marie, nous vous en supplions au nom de votre Immaculée Conception.

« Entendrez-vous aussi ma prière, ô ma Mère ! vous savez que je suis déjà votre enfant par le cœur, mais est-ce que je n'en porterai jamais le précieux titre ? Inspirez-moi, Mère chérie, ce que je dois faire pour m'en rendre digne ; montrez-moi les défauts qui m'en éloignent, et alors j'avancerai à grands pas dans les vertus qui m'ouvriront l'entrée de votre congrégation.

« O Marie! ne permettez.pas que je m'éloigne de cette maison sans emporter le précieux titre de votre enfant. Je vous promets de travailler à me réformer, mais assistez-moi, car sans vous je ne peux rien faire, montrez-vous donc ma *mère* en m'aidant à devenir votre *enfant*.

« Ainsi soit-il!!! »

Marie, si douce à ceux qui l'invoquent, ne pouvait manquer d'exaucer une telle prière, et Marguerite emporta au ciel le précieux titre d'enfant de Marie qu'elle avait si instamment sollicité.

Disons que cet ardent désir ne fut pas stérile; il se prouva par des œuvres : «Marguerite, surtout depuis le 8 décembre, — écrivait une de ses compagnes, — est littéralement parmi nous un vrai modèle, un petit ange. Il ne faut pas s'en étonner, elle veut être enfant de Marie; c'est chez elle une idée fixe, et une idée qui double de force par le sentiment filial. Que de fois n'a-t-elle pas dit : — Le bon Dieu m'a pris ma bonne mère sur la terre, cette mère que j'aurais tant aimée, il faut bien que j'en aie une autre; et qui voulez-vous que j'aime d'un pareil amour, si ce n'est la sainte Vierge? — Marguerite avait un secret pour triompher des petites difficultés de la vie de pensionnaire : c'était d'y faire intervenir Marie. Citons un de ces expédients d'une piété aussi vraie que naïve : « Un jour, — raconte une de ses compagnes, — je me trouvais seule avec elle pour arranger une petite surprise de classe qui devait être la récompense des examens passés avec honneur. Tout en faisant notre besogne, nous causions. La conversation tombe sur la vertu. Elle s'y connaissait mieux que moi, bien que je fusse son aînée. — Savez-vous, me dit-elle, l'exercice qui me coûte le plus dans la journée? Eh bien, c'est l'étude de musique. Pour me la rendre non-seulement supportable, mais agréable, voici ce que j'ai imaginé. Je prie ma bonne mère du ciel de vouloir bien m'écouter. Je lui dis : Cela ne ressemble pas aux concerts ravissants que vous entendez dans le ciel, mais je fais ce que je peux. Alors j'étudie de mon mieux, et je fais le moins possible de fausses notes pour ne pas lui écor-

cher les oreilles.—C'était à toute occasion qu'elle
avait de semblables idées. Jamais elle ne manqua de placer en tête de ses devoirs, comme une
prière, le nom de Marie; quelquefois elle l'accompagnait des plus pieuses inspirations. Un jour
que nous composions ensemble un devoir, j'ou-
bliai de commencer par ce préambule; elle m'en
fit amicalement le reproche.—Voyez-vous, ajou-
ta-t-elle, c'est la moitié de la besogne faite, car,
sans Marie, que peut-il sortir de bon de notre cer-
veau? — Tous les jours, à la récréation de quatre
heures, on était sûr de voir Marguerite à l'autel de
la sainte Vierge. Souvent je l'y suivis distraite, et
sa tenue respectueuse suffit pour me recueillir. »

Une élève nouvellement entrée dans la maison
rendit le même témoignage : « La contenance
profondément pénétrée de Marguerite à la chapelle m'a appris à prier. »

Tout semblait concourir, cette année, à entre-
tenir l'ardente dévotion de Marguerite et de ses
compagnes envers la sainte Vierge. Indépendamment de la fête du 8 décembre, de l'annonce
du décret, toutes les villes de notre France firent
leurs ovations successives à la Vierge Immaculée,

et chacun de ces touchants récits fut lu au pensionnat, soit à l'heure du travail manuel, soit au réfectoire. De plus, pour perpétuer le souvenir du décret à jamais mémorable, on offrit aux enfants une gravure qui avait été exécutée à leur intention. Elle représentait Marie Immaculée, apparaissant à Pie IX; l'inscription portait les paroles du Bref qui définissent le dogme, et plus bas ces mots : *Aux élèves de la Congrégation de Notre-Dame, souvenir du 8 décembre 1854.* Enfin, nous célébrâmes de nouveau le triomphe de Marie avec notre diocèse, le dimanche de la Quinquagésime, 18 février. Ce fut une fête peut-être unique en son genre. Le temps était si froid, la misère avait été telle pendant l'hiver, que toutes nos pensées se portèrent sur les pauvres. Pouvait-on se réjouir, pouvait-on célébrer dignement Marie, en songeant que ses chers amis les pauvres enduraient la faim, la soif, la nudité, sans soulagement, sans consolation ? Nous ferons bénir Marie par les membres souffrants de Jésus, et elle nous bénira doublement, se dit-on.

Indépendamment de la communion générale, de la pompe déployée dans les décors de l'autel

de la sainte Vierge, dans les chants composés
tout exprès et exécutés avec un élan qui partait
du cœur, notre fête fut essentiellement une fête
toute de charité : cinquante pauvres vieillards,
hommes et femmes, plus, douze petites filles des
classes gratuites, habillées de neuf, assistèrent
avec nous au saint Sacrifice de la Messe, après
un bon déjeûner; puis le parloir les reçut. Là un
autel avait été dressé à Marie. Sa statue s'y dé-
tachait sur un fond bleu entouré de roses blan-
ches, des lumières sortaient de deux massifs de
fleurs; mais la plus belle parure, c'étaient nos
chers pauvres qui l'entouraient. Quelques élèves
firent les distributions de vivres, de vêtements,
de chapelets et médailles, tandis que les autres
chantaient les louanges de la Vierge Immaculée.
M. l'abbé F*** adressa à ces braves gens une petite allocution pleine de cœur. « Beaucoup pleu-
raient, tous paraissaient attendris; l'étaient-ils
plus que nous? dit le journaliste du pensionnat.
— Je ne sais. — La joie, la pitié, le regret de ne
pouvoir faire davantage encore, se confondaient
dans nos cœurs. »—Les vieillards nous quittèrent,
exprimant chacun à sa façon leur vive gratitude;

mais les douze petites filles, surnommées les étoiles de la sainte Vierge, de l'oriflamme qu'elles portaient, furent fêtées jusqu'au soir par les élèves.

Personne plus que Marguerite ne prit part à l'allégresse de ce jour, son cœur surabondait de joie. Fidèle au souvenir qui toujours accompagnait sa dévotion à Marie, celui de sa bien-aimée mère, elle inscrivait à la date de ce fameux 18 février ces paroles :

« *Immaculée Conception!* Marie, faites que je n'aime que vous seule! Pourtant j'aime tant les mères! et celles à qui j'en donne le plus de témoignages extérieurs ne sont pas toujours celles que je préfère! Dans tous les cas, serait-ce mal de me trouver bien près d'une mère, de l'aimer? Quand j'avais maman, je ne voulais jamais me séparer d'elle, je m'ennuyais loin d'elle, pourquoi ne me trouverais-je pas bien près de celles qui me la remplacent?...

« Maman!... Puisque la sainte Vierge peut accorder tout ce qu'on lui demande aujourd'hui, puisque rien ne lui est impossible, pourquoi ne vous rendrait-t-elle pas à vos enfants qui vous aiment tant! O mère chérie, non, je ne lui demanderai pas ce prodige. Pourquoi vous arracher à la félicité dont vous jouissez au ciel ! Mais si vous ne revenez point sur la terre, protégez du moins vos fils, vos filles surtout, elles en ont tant de besoin ! O maman, ne détournez pas vos yeux de nous, et faites-nous accomplir toutes nos actions, comme si vous étiez là pour nous surveiller, pour guider notre inexpérience ! Souvenez-vous, chère maman, que vos dernières paroles, en mourant, furent celles-ci, adressées à mon père tout éploré près de votre lit : — Aime bien nos filles ; je les ai trop aimées, Dieu m'en a punie. — Vous punir ! vous, ô maman, vous si bonne, qui ne viviez que pour la consolation et le bonheur de ceux qui vous entouraient ! Oh ! non, non, mais ces paroles prouvent l'amour que vous nous portiez, amour que l'on ne comprend bien que quand on en est privé. »

Cependant les charges du pensionnat avaient été renouvelées au mois de décembre. Ce ne fut pas sans regret que les Vertes changèrent d'inspectrice.—Jamais on n'en trouvera une pareille à Marguerite, — disaient-elles. Il fallut qu'elle vînt elle-même les consoler et leur faire l'éloge de

celle qui lui succédait. — Au moins promettez-
nous que vous la remplacerez toutes les fois
qu'elle s'absentera. — Ce fut convention acceptée
et fidèlement observée. Désormais il y eut entre
elles et Marguerite un lien d'affection indissolu-
ble. Marguerite s'intéressait aux succès de ses
chères petites Vertes, intervenait dans leurs dif-
férends, et ménageait leur réconciliation avec les
mères dont elles avaient encouru la disgrâce.

Le zèle dont elle faisait preuve auprès de ses
bonnes amies les Vertes, devint chez elle une ha-
bitude. — J'ai vu, par expérience, combien il
est difficile à nos bonnes mères de nous conte-
nir toujours dans l'ordre, disait-elle; aussi, je
veux leur épargner la moindre peine, non-seulement près de moi, mais encore près des autres.
Elle cherchait donc à gagner ses compagnes par
tous les moyens en son pouvoir, dont le plus
efficace était toujours, disait-elle, le recours à
Marie. Elle portait jour et nuit à son cou une petite
statue de sa bonne mère, c'était son recours, et
dans ses propres difficultés, et dans celles qui lui
survenaient pour amener les autres au bien. —
Je saisis ma petite sainte Vierge, je lui dis un

Ave Maria de tout mon cœur, et les obsta-
cles s'évanouissent, disait-elle. Quand elle voyait
une compagne mal disposée, elle prenait sa petite sainte Vierge, et la lui faisait baiser, puis la
baisant elle-même avec effusion, on l'entendait
dire naïvement : — je voudrais manger ma bonne
mère ; si l'on pouvait donc la recevoir dans son
cœur comme Notre Seigneur !

Marguerite était si bonne qu'on la plaisantait
quelquefois, prétendant qu'elle avait un cœur
d'hôpital ouvert à tous ; et de fait, elle ne pouvait souffrir qu'on causât la moindre peine aux
autres. Jamais elle ne disait de mal de personne,
et si l'on se permettait la plus légère critique en
sa présence, aussitôt elle trouvait une qualité à
faire valoir dans l'inculpée. Elle accueillait avec
une égale affabilité quiconque l'approchait. —
Nous promenant à la récréation, raconte une de
ses compagnes, nous laissâmes apercevoir à l'une
de nous qu'elle était de trop. La pauvre élève,
ainsi désignée, ne se le fit pas dire deux fois, et
s'éloigna. Marguerite, témoin de ce procédé, s'en
montra réellement indignée. — Savez-vous bien
que c'est mal, très-mal, ce que vous venez de

faire. L*** nous vaut bien, c'est une créature du bon Dieu comme nous, pourquoi la traiter ainsi? Si vous ne voulez pas la rappeler et lui faire des excuses, moi j'irai lui tenir compagnie. — Non-seulement elle ne se gênait jamais pour nous rappeler ainsi à la charité, mais je puis dire que depuis le 8 décembre il ne se passa pas une récréation sans qu'elle trouvât moyen de ramener comme naturellement la pensée de Dieu.

La piété qui remplissait son cœur lui faisait apprécier par dessus toutes les sciences, toutes les études, celle de la Religion ; toujours elle fut remarquée pour sa respectueuse attention aux instructions. Elle se trouvait chaque jour en mesure de répondre aux matières qui avaient été traitées la veille, et faisait avec le plus grand soin les analyses exigées. Un jour, seulement, elle dit à la maîtresse chargée de les relever : — J'ai éprouvé un petit retard, permettez-moi de ne rendre mon résumé que demain. — Or, la cause de ce retard eût été, pour tout autre élève, une vive contrariété qu'elle n'eût pas manqué de narrer en détail, et d'accompagner de quelques récriminations contre l'élève qui l'avait occasionnée. Par deux fois, en effet, une voisine sans gêne avait griffonné des notes de classe sur le cahier de Marguerite, de façon à le rendre illisible; si bien que la pauvre enfant avait dû en recopier dix pages, ce qu'elle avait fait sans exprimer la plus légère impatience. Pour une pensionnaire le fait approche très-fort de l'héroïsme.

Il nous reste à citer de Marguerite quelques pensées écrites de sa main, et empruntées à un petit journal dans lequel, depuis le mois de février, elle avait coutume de consigner ses réflexions les plus intimes. Or, il faut savoir que ledit journal fut, lui aussi, pour la chère enfant, l'occasion d'un acte de vertu vraiment courageux. Il était de mode, cette année, car les pensionnaires ont aussi leurs modes qui font loi, de confier au papier ses impressions. Cela se pratiquait au vu et au su de tout le monde. Il advint que quelques-uns de nos compositeurs inscrivirent sur leur mémorial bien des inutilités que nous pourrions qualifier de sottises. La maîtresse du pensionnat trouvait le passe-temps en lui-même fort innocent, mais les abus pouvaient survenir; elle statua donc que tous ceux des journalistes qui voudraient continuer le métier seraient tenus, sous peine de suspense, à présenter leur grimoire à telle mère qu'il leur semblerait bon. Comme bien l'on imagine, la plupart préférèrent anéantir leurs précieux manuscrits. Le lendemain de cette proclamation, raconte une compagne, j'aperçois Marguerite, son journal en main; elle le regarde tristement, et se prend à pleurer. — Mais qu'avez-vous donc? — Rien, dit-elle, en se retournant toute confuse d'avoir été découverte. Je suis une enfant, la mère Saint-C****** a défendu les journaux, il faut que je déchire le mien. — Mais non, allez seulement le montrer à la mère C. de M., pour qui vous n'avez rien de caché, et vous pourrez continuer. — Impossible, et que pourrais-je d'ailleurs écrire maintenant, sachant qu'on me lira. — Puis elle ajoute, d'un ton plus gai : — Mon pauvre journal!... Tant pis, me voilà en deuil de mes œuvres, j'en fais le sacrifice à la sainte Vierge, et elle déchira le précieux cahier.

C'était peu de jours avant sa maladie. Par

bonheur, les feuilles détachées du manuscrit furent trouvées éparses dans son pupitre ; on les rejoignit, et certes on put se convaincre à la lecture que cet écrit n'eût pas encouru l'anathème du censeur le plus rigide. On y voit bien consignées à certains jours néfastes, quelques boutades de mauvaise humeur, quelques expressions d'impatience. Mais qui n'a ses mauvais jours ! Et, quand il est avéré que le papier seul en souffre, seul en reçoit la confidence, c'est un combat et non une défaite.

Dans la *préface*, le journaliste annonce qu'il n'écrit que pour soulager sa tête des mille et une imaginations qui s'y succèdent. L'*introduction* nous avertit que, ne se proposant nullement d'être lu, il dira les choses comme elles lui viendront à l'esprit, sans choix, sans liaison quelconque ; l'œuvre est ainsi dédiée à Marie :

« Bien que ce cahier ne mérite en aucune façon les regards de la reine des anges, je veux cependant, comme elle est ma mère par excellence, le lui offrir bien humblement. Je la supplie de ne pas permettre que celle qui aspire à devenir son enfant, trace jamais des pensées indignes d'elle. Dirigez donc ma plume, et surtout mon imagination, mère chérie; exercez-la à chercher le moyen de vous être agréable, et de vous gagner, après mon âme, toutes celles dont l'indifférence ou l'impiété blessent votre cœur sacré. C'est alors que je vous bénirai de tout mon cœur, et que vous me regarderez de ces yeux de miséricorde qui ont sauvé tant de malheureux. C'est ce qu'espère, ô mère Immaculée, votre petite fille qui ose se nommer votre enfant.

Marguerite. »

Suivons ses impressions journalières.

23 *février.* — Mon Dieu, faites que je vous aime étant jeune, afin de n'avoir pas le regret de ne pouvoir plus vous aimer et répondre à votre amour quand je serai plus avancée en âge. »

« *Après le travail.* — J'étais dissipée, j'espère être sage, bien sage maintenant; si j'avais continué, je crois que la mère M. A***, m'aurait mise de côté pour être aspirante des enfants de Marie. Comme c'est aujourd'hui samedi, jour consacré à la sainte Vierge, je vais lui demander de redevenir bonne, afin qu'elle ne me rejette pas pour

son enfant de prédilection... J'aime bien le cou-
vent, mais papa semble tant s'ennuyer tout seul,
que je voudrais bien que les rires de S*** et les
miens vinssent le réjouir un peu. »

« Je ne suis pas raisonnable, l'étude va finir et
je n'ai pas commencé mon devoir. Marie, ma
mère, ayez donc pitié de votre enfant qui ne fait
que ce qui lui plaît! Donnez-lui votre obéissance
prompte et aveugle. »

« 25 *février*. — J'ai eu au parloir une satisfaction d'amour-propre. Deux personnes ont dit de
moi des choses aimables. — La première, M. ***
a dit : cette demoiselle a l'air gracieux. — Tu
as raison, elle est très-gentille, — a repris
M. ***..... Je continuerai demain, parce que je ne
sais pas ma géographie. »

26 *février*. — En relisant ce que j'ai écrit hier,
j'ai pris aussitôt la plume pour l'effacer, trouvant
mon orgueil par trop sot; mais une pensée m'a
retenue. — A quoi bon retrancher ces lignes. Plus
tard, elles pourront me prouver toute la laideur
de l'amour-propre. Et je les laisse subsister à ma
grande honte. »

Le 27 février, il y avait eu une réception d'enfants de Marie ; on rendait justice aux efforts de Marguerite, mais elle n'avait pas quatorze ans, on la trouvait bien jeune encore ; il fut convenu qu'on remettrait son admission à la prochaine assemblée. Ce fut pour elle une profonde affliction. Elle écrivait le lendemain :

« *28 février* 1855. — Vouloir raconter ce qui s'est passé en moi hier, c'est faire l'histoire de mon sot orgueil amalgamé avec un peu de dévotion mal entendue. Depuis onze heures jusqu'à onze heures et demie, j'ai été dans une anxiété affreuse, qui s'est redoublée au moment où Céline (la présidente des enfants de Marie) est venue appeler celles qui étaient reçues... Je n'étais pas de ce nombre... Tout m'ennuie, tout me désole, tout me rappelle mes anciennes afflictions, Bordeaux, maman, mon frère qui va peut-être se faire tuer à la guerre. Mon Dieu ayez pitié de moi ! si j'avais le cœur de roche de celles qui sont indifférentes à tout, je ne serais pas aussi agitée. Mais non, j'aime mieux mon état que le leur... J'ai été passable pendant la classe ; je me suis retenue. A ma leçon d'allemand, je froissais mon livre d'impatience, je soupirais après la fin ; quand elle est

venue, heureuse d'être seule enfin, je me suis
retirée près de la fenêtre et je commençais à
pleurer, quand la mère X.***** est entrée. Grâces
à Dieu, elle n'a pas vu mon occupation. Non, je
veux que personne ne le sache. Maintenant, je
suis résignée, je commence à me persuader que
je ne mérite pas d'être reçue parmi les enfants de
Marie!!! »

Deux réceptions s'étaient ainsi passées sans
que Marguerite eût vu ses désirs satisfaits. On lui
disait bien le vrai motif de ces délais, mais elle
ne pouvait y croire. « On m'assure que je suis
trop jeune encore, c'est une défaite; il faut qu'il
y ait autre chose. » Malgré la désolation de son
cœur qu'elle confiait au papier, jamais elle ne
laissait échapper une plainte auprès de ses compagnes. — C'est une si grande grâce, disait-elle,
en essuyant ses larmes, non, je ne m'étonne pas
qu'on me la fasse attendre; — et sa constance ne
se démentait pas. — Depuis la retraite de 1854,
elle n'avait pas manqué une seule fois sa visite
au Saint-Sacrement à cette intention, ou l'avait
remplacée par deux dizaines de chapelet lors-
qu'elle avait été dans l'impossibilité de la faire,

Au temps de Noël, son assiduité près de la crèche n'avait pas d'autre but : elle ne sollicitait de l'Enfant Jésus, que cette seule grâce : *Être enfant de Marie*. Après sa communion du 25 décembre, elle s'était unie à l'une de ses compagnes pour travailler à obtenir cette faveur ; elles firent ensemble des prières assidues et exécutèrent les plus généreuses résolutions. Elles étaient convenues qu'au cas où l'une des deux viendrait à mourir, celle qui précéderait l'autre au ciel, demanderait sans cesse pour la survivante l'amour de Dieu, la grâce d'une bonne mort, et surtout le bonheur de vivre et de mourir enfant de Marie.

De la prière, Marguerite passait aux actes. Non-seulement elle se reprochait les moindres fautes, mais elle en cherchait l'amendement dans le plus salutaire comme le moins goûté des remèdes : la correction fraternelle. — « Voulez-vous me rendre un grand service, dit-elle un jour à L. de V., surveillez-moi et ne craignez pas de m'avertir toutes les fois que je m'oublierai. » — Quand celle-ci ou quelque autre lui rendait ce bon office, elle la remerciait de si bonne grâce, qu'on en était singulièrement édifié. Quelque chose de plus difficile à supporter peut-être qu'un avertissement ainsi concerté, ce sont les observations imprévues. Marguerite se présenta un jour au travail dans un état de désordre qui ne lui était cependant pas habituel. La mère qui présidait l'en reprit publiquement. La pauvre enfant, d'abord surprise, et naturellement très-timide, eut peine à retenir les larmes qui roulaient dans ses yeux, mais, rappelant aussitôt son énergie, elle demande la permission d'aller réparer sa toilette et rentre de l'air le plus gracieux embrasser la mère qui l'avait reprise.

Lorsque Marguerite recourait au jugement des autres sur ses petites compositions de classe, ce n'était pas, comme il arrive d'ordinaire, pour se faire plus sûrement complimenter. Elle avait pris au sérieux le précepte du critique :

Aimez qu'on vous conseille et non pas qu'on vous loue.

Et chez elle, c'était plus que le désir d'éclairer son esprit, c'était modestie, c'était humilité. — Ayant un jour reçu d'une compagne des éloges mérités : — « Mais vous savez bien que ce n'est pas cela que je vous demande, reprit-elle, je veux que vous me signaliez les défauts de mon devoir; il y en a, et vous êtes mieux en état que moi de les relever. »

Encore quelques citations du journal de Marguerite; elles nous mèneront jusqu'à la veille de la maladie qui nous enleva cette chère enfant.

« 1er *mars*. — Je suis sortie depuis onze heures jusqu'à quatre. Je rentre à l'instant. Le bruit du monde me fait mal. Ah! pourquoi n'est-ce pas avec maman que je suis sortie! De tout ce que j'ai vu pendant ces quelques heures, ce qui m'a le plus intéressée, c'est le spectacle de cette multitude de personnes que tant d'affaires et de causes différentes attirent dans les rues. — Je cherchais à découvrir leurs pensées, leurs préoccupations sur leur visage. Mon Dieu, que toutes ces physionomies me paraissaient donc indifférentes, blasées, sans cœur et sans âme! »

« La frégate *la Sémillante* a sombré en vue des côtes de Corse il y a quelques jours, on vient de nous l'apprendre, et l'on veut que je ne sois pas sérieuse à la vue des dangers qui se pressent autour de mon frère chéri. »

Disons ici que Marguerite n'était pas moins af-
fectueuse et dévouée pour la sœur qui partageait
sa vie de pensionnaire. Jamais le bon accord
qui régnait entre elles ne fut troublé par le plus·
léger nuage. Elles aimaient à s'entendre, à se
consulter, et ne décidaient rien l'une sans l'autre ;
on les citait comme les modèles de la plus par-
faite union qui puisse exister entre des sœurs.

Reprenons le journal de Marguerite :

« 6 *mars*. — J'ai eu aux derniers numéros
6, 5, 5, 5[1]. — Je n'ai pas été marquée pendant
la quinzaine. Ce matin, à la classe, j'ai reçu de
la mère saint Louis de Gonzague sur ma fidélité
au silence, des éloges qui m'ont fait grand plaisir
et qui m'ont tellement monté la tête, que vers
midi j'en étais déjà à me figurer avec le cordon
de sagesse. Tout cet édifice de bonheur, bâti
par mon imagination rendue joyeuse, s'est écroulé
à ma leçon d'anglais, pendant laquelle il m'a
fallu tout bonnement écouter avec attention et
corriger avec exactitude mon devoir. »

---

1. Les *numéros* sont un bulletin de conduite exprimé par
des chiffres ; ils se renouvellent de quinze en quinze jours
devant le pensionnat et la communauté assemblés.

« *7 mars.* — Mon Dieu, que je m'ennuie! Qu'ai-je donc? Je n'en sais rien.... Je pense et je ne peux me rendre compte de ce à quoi je pense. O maman, chère maman, que vous me manquez; que tout est vide autour de moi sans vous. Vous seule auriez le pouvoir de consoler ce cœur si triste.... *Enfant de Marie!* Non, je ne le serai pas encore à Pâques; je ne le mérite pas. »

« *15 mars.* — Ma gaieté est revenue en partie.... Je me suis décidée à confier à la mère C. de M. l'existence de mon journal. Elle n'a fait qu'en rire, d'où j'ai conclu qu'elle en avait pris lecture. Tant mieux, car je pense que si elle y avait trouvé la moindre réflexion répréhensible, elle m'en aurait avertie. Me voilà en sûreté de conscience. Aussi ce soir je suis en grande gaieté, bien que j'aie été grondée, très-amicalement, par la mère T. de J. »

Le 9 *avril, lundi de Pâques,* Marguerite raconte avec détail et grande honte une légère inconséquence qui lui était échappée. Une maîtresse venant en remplacer une autre, la pauvre enfant s'écria : *Quel bonheur!* Elle avait un faible

connu pour la survenante, « ce qui ne l'empê-
chait pas, dit-elle, de lui préférer l'autre comme
maîtresse de classe. » Toutes deux avaient entendu l'exclamation, et toutes deux avaient pru-
demment agi comme si elle n'eût pas été proférée
à leur sujet. Le rôle embarrassant était celui de
Marguerite.

« Que faire? écrit-elle. Réparer auprès de la
mère offensée, c'est un parti aussi difficile que
désagréable. Manifester ma honte à l'autre mère,
jamais je ne l'oserai, par un sentiment que je
crois bien pardonnable. Le plus sage, et non le
plus divertissant, est de supporter, en expiation
de ma faute, le mouvement de pitié qui a dû évi-
demment éclater dans le cœur de ces deux
mères. De plus, je tâcherai d'être on ne peut plus
attentive auprès de la mère S. H***, et je paraî-
trai le moins possible aux yeux de la mère C.

« Marie, ma mère, ayez pitié de votre enfant
repentante. »

« *Mercredi* 11 *avril.* — C'est aujourd'hui que
j'ai quatorze ans, quelle vieillesse?... »

A cette date, Marguerite n'avait plus que quelques jours à passer sur la terre. Le lendemain elle

fut conduite à l'infirmerie. Le dimanche suivant, à la séance des Numéros, elle eut enfin ses quatre 6, l'expression la plus haute de la satisfaction, répondant au mot *très-bien* aux études, à la classe, au caractère et au règlement. — Marguerite reçut avec joie cette nouvelle qu'on s'empressa de lui annoncer. Sa maladie, la rougeole, n'était pas de nature à donner d'inquiétudes ; mais cette année elle avait pris dans Paris un caractère très-alarmant, et dégénérait subitement en fièvre putride. Notre pauvre Marguerite en fut victime. Dans la nuit du lundi au mardi 17 avril, son agitation fut extrême, on la recommanda aux prières de ses compagnes, elle se confessa en pleine connaissance, et sans effroi aucun de l'issue de sa maladie, dont elle devina toute la gravité. — Mourir, oh je ne le redoute pas, avait-elle dit, quelque temps auparavant : serait-ce un malheur ! J'irais rejoindre ma mère et je verrais Marie. — Après une crise heureuse, qui paraissait devoir la tirer d'affaire, le mal la conduisit en quelques instants à l'extrémité. On lui administra le sacrement des mourants, et elle vit s'accomplir le plus cher désir de son cœur : La vierge fidèle la reçut au nombre de ses enfants. Bien qu'il lui fût impossible alors de parler, ses yeux disaient encore sa joie ; elle baisa la précieuse médaille, signe extérieur de sa consécration, s'en vit revêtue, et une heure après alla bénir au ciel la mère immaculée, qu'elle avait tant aimée sur la terre.

Cette fin bienheureuse fut pour les élèves le complément de tous les enseignements qui s'étaient réunis cette année pour enraciner dans leur cœur l'amour de Marie. Comment, dans le trouble où avait jeté ce brusque changement d'un mieux sensible à un danger imminent, avait-on songé tout d'abord à recevoir Marguerite parmi les enfants de Marie? Sans doute cette vierge sainte avait pris un soin tout particulier d'exaucer ainsi la continuelle préparation du cœur, l'unique vœu de Marguerite. Et elle voulait que ses serviteurs, après cette nouvelle preuve de fidélité dans ses promesses, pussent répéter avec une confiance encore plus vive :

Souvenez-vous, ô très-douce vierge Marie, qu'on n'eut jamais recours à vous sans voir exaucer sa prière.

Combien de regrets cette mort prématurée, inattendue, excita parmi les élèves, dans la communauté! Nous n'essaierons pas de le dire. Marguerite avait au pensionnat une sœur, une cousine qui l'avaient tendrement aimée; toutes s'empressèrent de les consoler en pleurant avec elles, en unissant leurs prières pour hâter le bonheur de celle qui n'était plus. Mais parmi toutes, les Vertes se distinguèrent, et c'était jus tice. L'éloge de Marguerite était leur entretien; elles firent célébrer des messes, et elles organisèrent une neuvaine d'actes de vertus pour le repos de son âme. Pour la quatrième classe comme pour toute la maison, le souvenir de cette vertueuse enfant sera toujours uni à celui de Marie, à celui de Pie IX, à la grande décision *du 8 décembre* 1854.

FIN.